Kant
&
o direito

Coleção **PASSO-A-PASSO**

CIÊNCIAS SOCIAIS PASSO-A-PASSO
Direção: Celso Castro

FILOSOFIA PASSO-A-PASSO
Direção: Denis L. Rosenfield

PSICANÁLISE PASSO-A-PASSO
Direção: Marco Antonio Coutinho Jorge

Ver lista de títulos no final do volume

Ricardo Terra

Kant & o direito

Jorge Zahar Editor
Rio de Janeiro

Jorge Zahar Editor Ltda.
rua México 31 sobreloja
20031-144 Rio de Janeiro, RJ
tel.: (21) 2240-0226 / fax: (21) 2262-5123
e-mail: jze@zahar.com.br
site: www.zahar.com.br

Composição eletrônica: TopTextos Edições Gráficas Ltda.
Impressão: Geográfica Editora

Capa: Sérgio Campante

CIP-Brasil. Catalogação-na-fonte
Sindicato Nacional dos Editores de Livros, RJ.

Terra, Ricardo R.
T311k Kant & o direito / Ricardo Terra. — Rio de Janeiro: Jorge Zahar Ed., 2004

(Passo-a-passo; 33)

Inclui bibliografia
ISBN 85-7110-764-5

1. Kant, Immanuel, 1724-1804. 2. Direito — Filosofia. 3. Ciência política. I. Título. II. Série.

CDD 193
04-0215 CDU 1(43)

Sumário

Introdução

Questões como a ética na política, a dificuldade de estabelecer critérios para julgar a legitimidade de certas leis ou para avaliar atitudes de movimentos sociais e de governos, a apreciação da licitude nas relações internacionais ou da validade de tribunais que julgam crimes contra a humanidade ocupam nossa atenção todos os dias.

Uma lei pode ter sua legalidade, ou seja, ser proveniente de um parlamento eleito e, ao mesmo tempo, ser ilegítima, se, por exemplo, for uma lei que estabeleça a segregação racial. Daí a importância de pensar a legitimidade do direito positivo, do direito existente efetivamente em um determinado país. A equação entre direitos humanos e soberania popular é uma das mais difíceis de articular. Até onde vão os direitos individuais inalienáveis e a possibilidade de decisão democrática? Quais os limites do direito proveniente da maioria em relação aos dos indivíduos e das minorias? Até que ponto um movimento social que tem certa legitimidade pode ir contra a legalidade estabelecida?

Passando para o plano internacional: como estabelecer critérios normativos para julgar relações entre países? Como justificar a defesa dos direitos humanos no plano mundial protegendo os direitos de estrangeiros? E, de outro lado, como justificar o julgamento de um criminoso contra a humanidade em um país que não é o seu — por exemplo, Pinochet na Espanha ou na Inglaterra?

A filosofia kantiana oferece elementos para pensar, de alguma forma, todas essas questões, mesmo que as tenha formulado de outras maneiras. Entendemos então o motivo de sua forte presença no pensamento de filósofos contemporâneos como Rawls ou Habermas. Aqui ela será exposta na seguinte ordem:

– A primeira parte mostrará como ela se inscreve na modernidade e a expressa. Em seguida, apresentará a concepção universalista e procedimental da moral, distinguindo então a ética do direito.

– A segunda parte se ocupará da fundamentação do direito e da noção de liberdade como autonomia, articulada com a noção de liberdade como limitação recíproca, o que nos leva a pensar a tensão entre essas concepções, a qual constitui a especificidade de Kant em relação aos seus predecessores liberais e democratas. A articulação dos direitos natural (racional) e positivo permite que se formulem as questões relativas à legitimidade. Com a noção de contrato originário, Kant pode conceber a passagem do estado de natureza para o estado civil e fundar a distinção entre o direito privado e o público.

– Na terceira parte trataremos do direito político e de como Kant desenvolve uma concepção da organização estatal que hoje chamamos de estado de direito. Com o direito das gentes, Kant defende a idéia de uma federação de nações formada por Estados constitucionais — por "repúblicas", segundo a terminologia kantiana. Muitos autores vêem nessa formulação o ideal de uma organização como a ONU. Com o direito cosmopolita, apresenta-se a crítica ao colonialismo e a defesa dos direitos humanos em todo o globo. Por fim veremos a relação do direito com a filosofia da história.

A distinção entre direito e ética na modernidade

A modernidade e o projeto crítico kantiano. Se seguirmos a caracterização da modernidade cultural feita pelo sociólogo alemão Max Weber, poderemos pensar a filosofia kantiana como sendo a expressão filosófica da modernidade.

Para Weber, o processo de modernização na cultura se dá pela diferenciação de esferas de valor que passam a ter uma legalidade própria. A modernização vai quebrar a articulação que havia entre, de um lado, o saber, a ética, o direito e a arte e, de outro, a teologia e a metafísica. Antes desse processo, passava-se de uma esfera para outra sem sobressaltos — uma interferia na outra, havendo, de alguma forma, um predomínio de imagens religiosas consolidadas na tradição.

A modernização foi conquistada por meio de muitos conflitos. Basta lembrar a perseguição da Igreja a Galileu. Ele foi atormentado pela Inquisição porque procurava desenvolver o conhecimento no âmbito da ciência natural com um método próprio à pesquisa científica sem interferência da teologia e da autoridade eclesiástica; dessa maneira estava afirmando a especificidade de uma certa esfera cultural de valor: a ciência. De qualquer forma, apesar dos conflitos, lentamente o campo do conhecimento adquire autonomia. As leis das ciências passam a ser afirmadas com total independência da teologia, e surgem as instituições vinculadas à pesquisa, como as academias de ciências, ocorrendo também o processo de institucionalização dos laboratórios de pesquisa.

Também no campo dos costumes, da moral e da arte ocorreram vários conflitos com a Igreja, que procurava, a partir da tradição e dos textos religiosos, reprimir as mudanças nos costumes e na liberdade artística.

No domínio da moral e do direito aconteceu um processo parecido: foram elaborados princípios de conduta, tanto morais quanto jurídicos, independentes da religião e também do método científico, e foi se formando o sistema judiciário com instituições independentes da Igreja e do próprio Poder Executivo, dada a separação dos Poderes.

No âmbito da arte o processo também é análogo ao das outras esferas. Ampliando os temas tratados, que deixam de ser majoritariamente religiosos, a arte torna-se independente não só da Igreja, mas também da ética. Além disso, a atividade de crítica de arte se fortalece e as instituições voltadas para a arte se consolidam.

Entendemos agora a afirmação inicial de que Kant pode ser pensado como expressão filosófica da modernidade. Pois as suas três obras principais procuram analisar as condições de possibilidade dos três campos da cultura independentes uns dos outros: a *Crítica da razão pura* no domínio teórico, no âmbito do conhecimento, da ciência; a *Crítica da razão prática* no plano da ação, dos costumes, da moral, do direito; e a *Crítica do juízo* no âmbito do belo, da arte.

O imperativo categórico. Neste livro o que nos interessa diretamente é o âmbito da ação, da moral, da ética e do direito. A questão a ser respondida é: como é possível fundamentar de maneira independente a ética e o direito, fundamentar suas leis, suas regras? E, além disso, como a moral (que, para Kant, engloba a ética e o direito) pode valer universalmente? Como ela pode se articular independentemente da ciência, da arte, mas também da religião e do poder político?

Nesse sentido, a moral não pode depender de uma religião com sua tábua de mandamentos, pois dessa maneira o fundamento estaria em Deus e na revelação divina, interpretada pela Igreja, e não na própria esfera moral. Não pode também se fundar na tradição, pois esta varia de comunidade para comunidade, e não se pode garantir a universalidade.

A solução apresentada por Kant passa pela distinção entre heteronomia e autonomia, central na filosofia kantiana. É heterônoma uma regra de conduta que tem seu fundamento em algo externo, que pode ser a tradição, mandamentos divinos, ou interesses englobados em uma certa concepção de felicidade. Por outro lado, Kant formula a noção de autonomia da vontade ao ampliar a concepção democrática de liberdade de Rousseau, que articula a idéia de contrato social como um procedimento em que as pessoas obedecem a si mesmas na medida em que participam juntas da elaboração das leis. Essa concepção se diferencia da liberal, que entende a liberdade como limitação recíproca, a liberdade de um terminando onde começa a liberdade do outro.

Assim, para formular o princípio supremo da moralidade, Kant distingue o imperativo hipotético do categórico, sempre tendo em vista esse conceito exigente de autonomia. Um imperativo é hipotético quando afirma que para atingir um determinado fim deve-se usar certos meios. Esse não pode ser o princípio da moral, pois os fins são postos de forma heterônoma (já que podem visar desde a satisfação sensível até a salvação da alma segundo determinada religião) e implicam certos meios necessários à sua realização.

Já o imperativo categórico, como a própria expressão indica, comanda absolutamente. Uma de suas formulações (presente na *Fundamentação da metafísica dos costumes)* é a seguinte: "Age apenas segundo uma máxima tal que possas ao mesmo tempo querer que ela se torne lei universal", a máxima sendo uma regra que elaboramos para nós mesmos quando vamos agir, de modo que a questão está em saber se essas regras são morais ou não. A máxima será moral quando for universalizável. O imperativo é o procedimento para testar essas regras subjetivas, isto é, para testar sua capacidade de universalização. Daí vem a caracterização da moral kantiana como procedimental. Nesse sentido, pode-se dizer igualmente que a moral é formal e não material. Pois Kant não estabelece uma lista de mandamentos (que seria material), mas propõe um procedimento (formal) para testar qualquer princípio moral.

Por exemplo, se alguém está em uma situação embaraçosa e procura sair dela mentindo, poderia fazer o seguinte teste: elaborar uma máxima — "Quando estiver em uma situação complicada mentirei" — e em seguida se perguntar: essa máxima seria universalizável? Posso desejar que ela se transforme em lei universal? A resposta é: "Não posso, pois se todos podem mentir, destrói-se a própria verdade"; logo a máxima elaborada não é moral. Agir segundo uma regra que permite a mentira não é moral, pois ela não é universalizável.

Com o imperativo categórico, garante-se que a esfera moral tenha suas leis próprias, independentemente das outras esferas culturais, e também que estamos obedecendo a leis de cuja elaboração nós, como seres racionais, participamos. Trata-se de uma moral que não depende da teologia nem de costumes tradicionais de uma dada comunidade; uma moral em que, para usar os termos da filosofia contemporânea, haveria a prioridade do justo sobre o bem — isto é, a prioridade do que pode ser aceito por todos sobre as concepções particulares acerca da vida boa e da felicidade.

Moral, direito e ética. A análise da relação entre moral e direito exige que se precise o sentido desses termos. "Moral" tem, em certos casos, uma acepção ampla e, em outros, estrita. Ao distinguir as leis da natureza das da liberdade, o termo "moral" adquire sentido amplo, já que estas últimas são denominadas leis morais. Kant distingue leis morais jurídicas, que dizem respeito às ações exteriores, e éticas, que exigem que as próprias leis sejam os princípios de determinação das ações. A moral englobaria tanto o direito quanto a ética. Dessa forma, usando o termo "costumes", que também abrange as duas disciplinas, Kant publica a *Metafísica dos costumes,* composta por dois tomos: a *Doutrina do direito* e a *Doutrina da virtude*, esta tratando da ética em sentido estrito. É importante, então, ressaltar os elementos comuns às duas partes e também a especificidade de cada uma.

Comecemos explicitando a distinção entre direito e ética. Retomando a oposição entre leis morais jurídicas e leis morais éticas, pode-se dizer, primeiramente, que a diferença dos dois campos vai se localizar na natureza do móbil, ou seja, do fundamento subjetivo que determina a vontade no processo da ação. Na ética o móbil é o próprio dever: o princípio que leva a uma certa ação é a própria lei. A ação é realizada não apenas conforme um princípio objetivo de determinação válido universalmente, mas também pelo dever, com um sentimento de respeito pela própria lei moral.

A lei jurídica, entretanto, admite um outro móbil que não a idéia do dever, no caso, móbiles que determinam o arbítrio de maneira patológica (e não prática ou espontânea), ou seja, por elementos sensíveis, que causam aversão, pois a lei deve obrigar de alguma maneira eficaz. Portanto, no plano jurídico há legalidade, a correspondência da ação com a lei, mesmo que o móbil seja patológico; e no plano ético há moralidade, em que essa correspondência não é suficiente, sendo exigido ainda que o móbil da ação seja o respeito pela própria lei.

No plano jurídico não se permanece no âmbito da intenção, e apenas a exterioridade das ações é considerada. Segundo a legislação jurídica, os deveres são exteriores, assim como seus móbiles, o que possibilita o julgamento do cumprimento ou não da ação e também os meios de forçar sua realização. Como a legislação ética exige que o móbil seja o respeito pela lei, ela não pode ser um conjunto de leis exteriores, pois não se pode determinar a intenção por meio de leis exteriores, uma vez que a intenção não pode ser controlada por um juiz que não seja o próprio agente. Entretanto, a legislação ética pode admitir deveres de um conjunto de leis exteriores e fazê-los seus; assim todos os deveres pertencem de alguma forma à ética.

Falando da liberdade, Kant assinala que as leis jurídicas dizem respeito a ela em seu uso externo, e a ética tanto ao uso externo como interno. Há deveres que são diretamente éticos, mas os jurídicos, na medida em que são deveres e dizem respeito também à legislação interior, são indiretamente éticos. Por exemplo, cumprir um contrato é um dever jurídico, tanto assim que alguém pode ser obrigado por uma coerção externa a efetivá-lo; mas, se o móbil externo não pode, eventualmente, ser exercitado, mesmo assim, no plano ético, continua a ser um dever o cumprimento do contrato, com a diferença de que, nesse caso, a ação seria virtuosa, e não apenas conforme ao direito. Apesar de poder ter deveres comuns com o direito, a ética não possui, diferentemente dele, um modo de obrigação exterior.

Há uma articulação entre deveres, de forma que poderíamos dizer que os deveres de virtude e os jurídicos subordinam-se aos ético-gerais. Direito e virtude participam da doutrina dos costumes e têm os mesmos fundamentos últimos, o que é conseqüência da unidade da razão prática, pois as duas legislações são provenientes da autonomia da vontade. Esta é o fundamento das duas legislações; o princípio supremo da doutrina dos costumes é o imperativo categórico.

A fundamentação do direito racional e sua relação com o direito positivo

Princípio universal do direito. Pode-se pensar que o critério de universalização que a razão prática impõe a uma legislação é "indiferente à distinção entre moral pessoal e moral social ('jurídica')", para usar as palavras de Otfried Höffe. O critério da legislação universal, de uma moral universal, está no fundamento da ética pessoal e exige que se aja "apenas segundo uma máxima tal que possas ao mesmo tempo querer que ela se torne lei universal", e a ação tem de ser realizada pelo dever e não apenas conforme ao dever, como já vimos.

Já em relação ao direito, tanto sua definição quanto seu princípio universal são compostos pelos mesmos elementos básicos. "O direito é o conjunto das condições sob as quais o arbítrio de um pode ser unido ao arbítrio de outro segundo uma lei universal da liberdade." A lei universal do direito é por sua vez formulada do seguinte modo: "Age exteriormente de tal maneira que o livre uso de teu arbítrio possa coexistir com a liberdade de cada um, segundo uma lei universal." Trata-se das relações externas, das ações de pessoas que podem realmente influenciar a ação de outros; nessa perspectiva, não interessam as intenções, e a lei universal do direito não é necessariamente tomada como móbil da ação (visto que não se trata de virtude, mas de direito).

O que importa não é a matéria do arbítrio (o fim visado por alguém), mas a forma da relação dos arbítrios, ou seja, quando se negocia um objeto, não se leva em conta se alguém será ou não beneficiado por ele, importando apenas se os dois contratantes são considerados livres e iguais e se a coexistência de suas liberdades está de acordo com a lei universal do direito. Os elementos básicos são, portanto, dois: de um lado, a relação mútua dos arbítrios e, de outro, a universalidade da lei.

O primeiro elemento afirma a especificidade do direito à medida que trata da relação externa das pessoas, mas, ao mesmo tempo, caracteriza a liberdade como coexistência ou limitação mútua da liberdade, o que é ressaltado no texto de Kant "Sobre a expressão corrente": "O direito é a limitação da liberdade de cada um como condição de seu acordo com a liberdade de todos, enquanto esta é possível segundo uma lei universal." Essa concepção da liberdade como limitação recíproca é condizente com a defesa da liberdade individual, o direito de cada um indo até onde começa o do outro. Já o segundo elemento, a universalidade da lei, aponta para a razão prática, para o direito como um dos ramos da doutrina dos costumes. Aqui as leis são dadas *a priori* e fundadas na liberdade, entendida como autonomia. A tensão entre a liberdade entendida como limitação recíproca e a liberdade como autonomia estará presente em várias partes da obra de Kant. (As questões derivadas daí serão retomadas adiante.)

O direito racional é um padrão de medida que permite avaliar o direito positivo, isto é, aquele que existe historicamente em uma sociedade específica. Para Höffe,

> somente aquelas determinações do direito que permitem a compatibilidade da liberdade de um com a liberdade de todos os outros segundo leis estritamente universais, são legítimas, produzem um padrão de medida que forma a contrapartida jurídica do imperativo categórico familiar a nós. Ele obriga a comunidade da liberdade externa à legislação universal exatamente da mesma maneira que o imperativo categórico obriga a vontade pessoal em relação às máximas postas por ela mesma.

Embora distintos, o direito e a ética têm em comum o projeto universalista da moral, da razão prática.

Uma vez que o direito diz respeito às relações exteriores e não pode ter como móbil o próprio dever, ele precisa de uma coerção exterior que exija a realização de uma ação determinada. (No plano da virtude não há uma coerção exterior, mas sim interna — a própria pessoa, como ser racional, se coage.) Quando alguém que emprestou dinheiro a um outro tem o direito de exigir a devolução, isso não significa que pode persuadi-lo a pagar a dívida, mas que uma coerção legal pode forçar o devedor a isso; no caso, "direito e competência para coagir significam a mesma coisa".

O problema que se apresenta é o da conciliação da coerção com a liberdade. Kant procura resolvê-lo com o seguinte raciocínio:

> Tudo o que é injusto é um obstáculo à liberdade segundo leis universais, mas a coerção é um obstáculo ou resistência que acontece à liberdade. Por conseguinte: se um certo uso da liberdade mesma é um obstáculo à liberdade segundo leis universais (ou seja, é injusto), então a coerção que lhe é oposta como impedimento ao obstáculo da liberdade, está de acordo com a liberdade segundo leis universais, ou seja, é justa.

A coerção está de acordo com a liberdade porque ela é o obstáculo àquele que vai contra a liberdade; ou seja, a faculdade de coagir aquele que é injusto é justa.

Liberdade como autonomia. Uma vez desenvolvido o aspecto da liberdade como limitação recíproca, a coexistência dos arbítrios com a liberdade de cada um e o elemento fundamental do direito que é a coerção, vejamos agora a fundamentação da exigência da universalidade da lei e seu vínculo com a liberdade entendida como autonomia.

Na filosofia kantiana, o problema do vínculo da liberdade com a lei, com a obediência, receberá uma solução seguindo o caminho aberto por Rousseau, que afirmara: "A obediência à lei que o homem prescreveu a si mesmo é liberdade." Dessa maneira a obediência à lei e a espontaneidade da liberdade poderão ser pensadas juntas, e não em oposição. Rousseau produz uma revolução no plano da teoria política ao vincular a justificação da obediência com a autoria da lei por aqueles que devem respeitá-la. Kant, por sua vez, amplia o tema no plano moral ao desenvolver a questão da autonomia da vontade, situando-a como princípio da moralidade, e transforma a teoria política de Rousseau, combinando-a com elementos liberais e articulando as conquistas da liberdade jurídica em uma filosofia da história. A análise da especificidade do direito pode ser aprofundada insistindo-se na importância da noção de autonomia. Assim é possível ampliar a compreensão das diferenças, mas também dos vínculos entre direito e ética; a noção "alargada" de autonomia possibilita uma fundamentação para as idéias político-jurídicas. No entanto, esse exame das relações sistemáticas não exclui as dificuldades já referidas que apresenta a coexistência das duas concepções de liberdade: a concepção liberal e a democrática.

Kant entende a autonomia da vontade como "aquela sua propriedade graças à qual ela é para si mesma a sua lei (independentemente da natureza dos objetos do querer). O princípio da autonomia é, portanto, não escolher senão de modo que as máximas da escolha estejam incluídas, simultaneamente, no querer mesmo, como lei universal" (*Fundamentação da metafísica dos costumes*). A autonomia em sentido estrito exige não apenas que a lei não seja dada pelo objeto, como também que a vontade não seja determinada por inclinações sensíveis. Se a vontade busca a lei fora dela mesma, ou é determinada por inclinações sensíveis, deixa de ser legisladora e passa a ser heterônoma. A vontade, se é autônoma, só pode ser determinada objetivamente pela lei moral e subjetivamente pelo respeito a esta lei. O móbil da vontade deve ser a própria lei; por isso, no plano ético, a ação é realizada não apenas conforme o dever, mas por dever; pois o móbil é incluído na lei, de forma que tem-se de cumprir a letra e também estar de acordo com o espírito, ou seja, com a intenção.

No plano do direito, por sua vez, admite-se um móbil diferente da idéia do dever, interessando a conformidade ou não da ação à lei. Mais ainda, no direito, os móbiles "devem ser tirados de princípios patológicos de determinação do arbítrio, as inclinações e aversões, e entre estas mais da espécie das últimas, porque deve ser uma legislação que coage, e não um atrativo que convida". As leis jurídicas precisam ter condições de obrigar de maneira efetiva, com a possibilidade de forçar com uma situação desagradável aqueles que possam pretender infringi-la. O arbítrio é determinado por princípios aversivos; as conseqüências por não cumprir a lei podem ser penosas, como multas, prisão etc. Pode-se estar de acordo com a lei por si mesma, mas não é isso que importa, e sim a conformidade da ação com a lei. Dessa forma, no direito não se realiza a autonomia da vontade, como na ética, pois aquele comporta móbiles que restringem a autonomia.

Contudo, isso não significa que o direito seja alheio à autonomia da vontade. Ao contrário, desde que "toda heteronomia do arbítrio não fundamente por si mesma nenhuma obrigação" (*Crítica da razão prática*), a obrigação jurídica, bem como a exigência de coexistência das liberdades segundo uma lei universal, deve basear-se na razão prática. Apesar de os móbiles correspondentes impedirem o direito de realizar a autonomia completamente, como ocorre na virtude, a coerção jurídica não impede a liberdade, pelo contrário, ela serve de "impedimento ao obstáculo da liberdade". Deve haver, portanto, algo em comum entre a liberdade como autonomia da ética e a liberdade jurídica.

A autonomia em sentido estrito, tal como foi definida por Kant, desempenha seu papel no direito na medida em que o imperativo categórico é o princípio supremo da doutrina dos costumes; mas a legislação e os deveres jurídicos, apesar de terem um fundamento comum com as leis e deveres éticos, são distintos destes. Na ética, a lei é o princípio de determinação subjetivo e objetivo, e é pensada como lei da própria vontade; no direito, ela pode também ser a vontade de outro, o que fundará um dever externo jurídico. As relações das vontades no direito serão pensadas sob uma vontade em geral, remetendo para a autonomia no direito, pois todos participam da legislação à qual se submetem, as relações jurídicas devendo dar-se sob as leis universais da liberdade. Dessa forma a liberdade externa (jurídica) é definida como "a faculdade de não obedecer a nenhuma lei externa, senão àquelas às quais possa dar meu consentimento" (*À paz perpétua*). A autonomia poderá ser pensada em sentido amplo, como a exigência de participação de todos na legislação, não levando em conta o móbil; assim, há de certa forma um retorno a Rousseau, concebendo-se a autonomia no plano jurídico e político.

Contrato originário. A concepção positiva da liberdade servirá como fundamento comum das idéias político-jurídicas, tais como estado de natureza, contrato originário, constituição republicana e paz perpétua. O contrato originário tem a seguinte formulação:

> O ato pelo qual se constitui a si mesmo num Estado, propriamente porém apenas a idéia deste ato, só ela permitindo pensar a sua legitimidade, é o contrato originário, segundo o qual todos (*omnes et singuli*) entregam ao povo sua liberdade exterior, para retomá-la logo como membro de um ser comum, ou seja, do povo considerado como Estado (*universi*). Não se pode dizer que o Estado, o homem no Estado, tenha sacrificado uma parte de sua liberdade exterior inata a um fim, mas que abandonou completamente a liberdade selvagem e sem lei, para reencontrar sua liberdade plena e não diminuída numa dependência legal, ou seja, num estado jurídico, porque esta dependência provém de sua própria vontade legisladora.

O contrato originário apresenta no plano político a exigência da autonomia; ele exige a soberania popular e servirá como padrão de medida para a legislação, uma vez que uma lei será justa se puder provir da vontade unida de todo o povo.

A idéia do contrato vincula-se à idéia do Estado como união dos homens sob leis jurídicas necessárias *a priori*; e requer uma constituição republicana que garanta a realização dessas leis — constituição que deverá permitir a formulação de uma federação das nações que vise à paz perpétua. Essas idéias político-jurídicas formam um sistema de padrões que proporcionam os critérios de justeza das leis e das instituições políticas. Em virtude de sua liberdade, o homem exige um governo no qual o povo legisle. Nesse sentido se insere a afirmação de que através dos Poderes Legislativo, Executivo e Judiciário, o "Estado (*civitas*) tem a sua autonomia, ou seja, se forma e se preserva segundo leis da liberdade".

A autonomia do Estado não é a mera independência em relação a outros Estados ou a sua auto-suficiência, pois contém a exigência de realização, não da felicidade, mas da universalidade das leis da liberdade. Ela é possível pela união dos poderes distintos que remetem à soberania popular; a salvaguarda do Estado consiste na maior concordância da constituição com os princípios do direito, que, por sua vez, se fundam na autonomia da vontade.

A exigência da autonomia percorre e dá unidade ao direito e à política, e também aponta para sua coesão com a ética, apesar de suas diferenças. Tanto a ética quanto o direito afirmam o vínculo da liberdade com a lei na forma de obediência à lei que foi prescrita pelo homem para si mesmo. Desse modo, a coesão provém da unidade da razão prática.

Como a noção de autonomia proporcionou uma solução para a questão do vínculo da liberdade com a lei, resta explicar por que a lei moral e também a jurídica são formuladas como imperativos. Se o homem é legislador, por que pensar em termos de deveres de virtude e de deveres jurídicos? A lei moral vale para todo ser racional, ou seja, também para os seres racionais limitados como os homens, que têm desejos e inclinações sensíveis e, por isso, podem seguir móbiles que não coincidem com a lei. Portanto a vontade humana não está sempre em conformidade com a razão, daí a determinação da vontade segundo leis ser uma obrigação, e "a representação de um princípio objetivo, enquanto obrigante para uma vontade, chama-se mandamento (da razão), e a fórmula do mandamento chama-se Imperativo" (*Fundamentação da metafísica dos costumes*). Uma vontade santa seguiria a lei objetiva sem ser obrigada, a lei não apareceria para ela como um imperativo, pois a vontade estaria sempre de acordo com a razão.

O homem, entretanto, deve ser considerado sob dois pontos de vista: como ser sensível, tem inclinações e apetites que o colocam no plano das leis heterônomas naturais; ao mesmo tempo, sendo dotado de inteligência, pertence ao mundo inteligível, é autônomo. É legislador enquanto pertence ao mundo inteligível, mas, como pertence também ao mundo sensível e está sujeito a inclinações que o podem afastar da lei racional, esta é considerada como um imperativo.

O duplo ponto de vista é também essencial no plano do direito. Já que aí a coerção é externa, acrescenta-se também o problema das penas para os crimes cometidos e a questão de se o criminoso é também autor da lei:

> Como co-legislador que dita a lei penal, é impossível que eu seja a mesma pessoa que aquela que, como súdito, é punida segundo a lei; pois como tal, ou seja, como criminoso, é impossível que eu tenha um voto na legislação (o legislador é santo). Quando promulgo uma lei penal contra mim como um criminoso, então é em mim a pura razão jurídico-legislativa (*homo noumenon*) que me submete à lei penal, como alguém capaz de um crime, conseqüentemente como uma outra pessoa (*homo phaenomenon*) junto com todos os outros numa união civil.

Cada um é legislador do ponto de vista inteligível; a legislação é da razão pura, e todos são co-legisladores porque são racionais. As leis jurídicas, assim como as leis éticas, provêm da mesma razão prática, e para entendê-las deve-se adotar o mesmo ponto de vista, o do mundo inteligível. Contudo, como os homens também pertencem ao mundo sensível, tanto as leis éticas como jurídicas aparecerão como imperativos, e as ações conforme às leis, como deveres.

Direito natural e direito positivo. Da mesma forma que Kant mantém certos conceitos básicos da filosofia política dos séculos XVII e XVIII — tais como estado de natureza, contrato originário, constituição republicana — mas os transformando em idéias, conserva também o termo direito natural, referindo-se à disciplina que os enfeixa. O direito natural e os conceitos político-jurídicos servem de norma, de modelo ideal vinculado à autonomia do homem: "A idéia de uma constituição de acordo com o direito natural dos homens, ou seja, que aqueles que obedecem às leis devam, reunidos, legislar, se encontra na base de todas as formas de Estado." (*O conflito das faculdades*) Tem-se assim um critério para as reformas e melhoramentos da constituição a serem promovidos pelo chefe do Estado e também um critério para a elaboração das leis positivas: as leis que o povo não pode promulgar para si mesmo, o legislador não pode proclamá-las para o povo.

O direito natural é aquele que não é estatutário, é o "direito cognoscível *a priori* pela razão de todos os homens"; é o sistema das leis jurídicas racionais *a priori*. Assim o direito natural não pode ser identificado apenas com o direito no estado de natureza. Kant é explícito:

> A divisão suprema do direito natural (*Naturrecht*) não pode consistir (como acontece às vezes) em natural e social (*natürliches und gesellschaftliches*), devendo ser aquela do natural e civil (*natürliches und bürgerliches Recht*): o primeiro é chamado direito privado; o segundo, público. Pois o estado de natureza não é o oposto ao estado social, mas ao civil.

O direito natural (*Naturrecht*) engloba tanto o privado (direito natural em sentido estrito) quanto o público. A distinção entre o direito natural e o positivo não se confunde, portanto, com a distinção entre o direito natural privado e o público (civil). Este pode ser visto tanto no plano das leis racionais, e portanto do *Naturrecht*, quanto no plano das leis positivas.

A lei natural é necessária e provém *a priori* de um legislador universal, da idéia da vontade unida do povo, da própria razão. Já o "direito positivo (estatutário) provém da vontade de um legislador", por isso a lei positiva é contingente e arbitrária. Como as leis positivas provêm de um legislador determinado que detém o poder no Estado, elas formam uma legislação efetiva; e o Estado tem meios coercitivos de fazer com que esta seja obedecida. Mas tanto as leis naturais quanto as positivas são externas:

> Em geral as leis obrigatórias, pelas quais uma legislação exterior é possível, chamam-se leis exteriores (*leges externae*). Entre estas estão aquelas cuja obrigação pode ser reconhecida *a priori* pela razão, mesmo sem legislação exterior, e são com efeito exteriores, porém leis naturais; outras, ao contrário, que sem legislação exterior efetiva não obrigam (assim, sem esta não seriam leis), chamam-se leis positivas. Pode ser pensada portanto uma legislação exterior, que contenha apenas leis positivas; mas seria preciso que uma lei natural precedesse e fundasse a autoridade do legislador (ou seja, a faculdade de obrigar os outros pelo seu simples arbítrio).

Diferentemente das leis éticas, as jurídicas naturais são exteriores, embora também se fundem *a priori* na razão. Servem de padrão de medida ideal para o legislador, mas o obrigam, como também aos indivíduos. Essa obrigação é *a priori*, racional e indica sua origem comum com a ética. Como a idéia do soberano, ser de razão representando o povo inteiro, vai precisar de uma pessoa física para se efetivar, da mesma forma o direito natural, apesar de obrigar, precisa das leis para ser levado a efeito com segurança. Assim, a legislação civil positiva pode realizar o direito natural na medida em que fornece instrumentos coercitivos que forçam o cumprimento das leis naturais. Ela acrescenta à obrigação racional da lei natural uma obrigação vinculada à coerção pública externa, garantindo dessa forma que a lei não seja violada.

Entretanto, as leis positivas só obrigam quando são promulgadas, quando são leis exteriores efetivas. Para que essa obrigação não seja um mero ato de força, deve estar fundada em algo além do arbítrio do legislador; tanto ele quanto as leis que promulga precisam de um fundamento. A autoridade do legislador está fundada no direito natural, que deve fornecer "os princípios imutáveis para toda legislação".

A legislação civil deve realizar o direito natural, mas, por outro lado, este dá o fundamento racional à legislação positiva. Surge, entretanto, um problema: a possibilidade de a lei positiva estar em desacordo com o direito natural. Kant afirma que ela deve ser obedecida assim mesmo, e, mais ainda, que é um imperativo obedecer à autoridade atualmente no poder, não admitindo o direito de resistência. Como em relação à noção de soberania, encontram-se aqui algumas dificuldades e tensões no pensamento kantiano.

Crítica ao direito de resistência. Kant trata da impossibilidade do direito de resistência tanto em *Teoria e prática* e *À paz perpétua* quanto na *Doutrina do direito.* O povo não pode se rebelar, pois "percebe-se facilmente que, se o objetivo é fazer como condição ao estabelecimento de uma constituição de Estado exercer a força contra o chefe em certos casos determinados, então o povo teria de arrogar-se uma potência legítima sobre aquele. Então, porém, não seria aquele o chefe." (*À paz perpétua*) Ora, o povo não é o soberano, não detém o poder supremo. A rebelião destruiria o Estado legal, pois "cada membro da comunidade possui um direito de coerção sobre todos os outros, excetuando-se apenas o chefe do Estado (porque ele não é membro desse corpo, mas seu criador ou conservador), o qual é o único que tem o poder de constranger, sem ele próprio estar sujeito a uma lei coercitiva". (*Teoria e prática*) O soberano/chefe do Estado, como criador ou conservador do Estado, está fora de qualquer coerção. Logo, sua destruição numa revolta seria a destruição do próprio estado civil e a volta ao estado de natureza.

Não há nenhum espaço para o direito de resistência. No próprio direito positivo ele seria desprovido de sentido, pois "que a constituição contenha uma lei que autorizaria derrubar a constituição existente, de onde decorrem todas as leis particulares ..., é uma clara contradição". (*Teoria e prática*)

O direito de resistência tampouco pode se fundar no confronto do direito natural com o positivo, pois "uma constituição jurídica qualquer, mesmo em um pequeno grau conforme ao direito, é melhor do que nenhuma constituição, a cujo destino (a anarquia) uma reforma precipitada levaria". (*À paz perpétua*) Chegamos à fórmula da *Doutrina do direito*: "Deve-se obedecer ao poder Legislativo existente qualquer que possa ser sua origem."

No segundo apêndice de *À paz perpétua*, Kant acrescenta mais um argumento contra o direito de resistência — a forma da publicidade como pedra de toque da justiça das ações. Os revoltosos não podem tornar públicos seus propósitos, já o governante pode proclamar a intenção de punir qualquer sublevação. Sendo assim, resta aos súditos a liberdade de escrever "com o favor do soberano" (*Teoria e prática*): "Como único paládio dos direitos do povo." Mesmo assim, apenas no plano do uso público da razão.

O âmbito da liberdade é o uso público e por escrito, o que remete para o mundo dos alfabetizados e, em última instância, para o público que tem de alguma maneira um tipo de independência financeira, ou seja, o cidadão ativo. Kant, como a Constituição francesa de 1791, distingue o cidadão ativo, que podia votar, do passivo. Os criados, por exemplo, por não terem independência, eram considerados cidadãos passivos e não tinham o direito de votar.

Nessa linha de argumentação, as mudanças têm que vir de cima para baixo: o soberano conduz as reformas necessárias no momento oportuno. Mas mesmo o soberano só pode mudar a forma de governo, e não a forma de soberania, de império — ou seja, ele pode passar do despotismo para a república, mas não transformar uma monarquia em democracia.

Para Kant, é obrigatório seguir as leis positivas. O direito racional forneceria o padrão para as reformas possíveis, mas a partir dele não se pode colocar em questão as leis estabelecidas. Nesse contexto convém lembrar que o contrato originário é uma idéia e a formação empírica do Estado se dá através da força, como fica claro na seguinte passagem: "Não se conta, assim, para a *execução* daquela idéia (causa unificadora que suscita uma vontade comum) na prática com nenhum outro início do estado jurídico senão com o início pela *força*, sob cuja coerção pode ser fundado posteriormente o direito público." (*À paz perpétua*)

Na origem do Estado não se encontra o contrato, mas a força, e daí surge o direito positivo, que vai se transformando lentamente. De qualquer forma, ele obriga em todas as suas fases. O comércio e a concorrência forçarão os monarcas a fazerem as reformas. A origem das leis não compromete sua validade. Tanto mais que Kant afirma explicitamente que não se deve questionar a origem do poder estabelecido.

Quanto à Revolução Francesa, não há dúvida de que a condenação do rei foi considerada por Kant um grande crime. Mas isso não invalida o que foi obtido no processo revolucionário, como Kant deixa muito claro, escrevendo:

> Se também fosse conquistada uma [Constituição] conforme à lei de modo ilegítimo pelo ímpeto de uma *revolução* provocada por uma Constituição ruim, então também não teria mais de ser considerado permitido trazer

de volta o povo novamente à antiga, embora durante a mesma cada um que participa dela com emprego de força ou perfídia estaria por direito sujeito às penas de insurreição. (*À paz perpétua*)

Nesse sentido, Kant pode ser contra o direito de resistência, condenar como um grande crime a execução do rei e, no entanto, assumir a validade do direito positivo proveniente do poder estabelecido com a Revolução Francesa.

Direito privado. O estado de natureza, para Kant, é igualmente uma idéia, e não um fato do passado. Ele se caracteriza como uma situação não de injustiça, mas de ausência de justiça, na medida em que não há um juiz competente para decidir os casos controversos, o que não significa ausência de direito no estado de natureza. Nesse estado, "embora cada um, segundo seus conceitos de direito, possa adquirir alguma coisa exterior por ocupação ou contrato, esta aquisição é apenas provisória enquanto não contiver a sanção de uma lei pública, porque não é determinada por nenhuma justiça (distributiva) pública e garantida por nenhum poder que exerça este direito".

A diferença entre o estado de natureza e o civil consiste no fato de que, no último, há uma legislação pública, justiça distributiva e um poder coercitivo, de modo que as leis sejam obedecidas. Mas nos dois estados há o direito de aquisição das coisas exteriores e, mais ainda, "segundo a forma, as leis sobre o meu e o teu no estado de natureza contêm o mesmo que elas prescrevem no estado civil, na medida em que este é pensado somente segundo conceitos da razão pura". No estado civil, entretanto, há a possibilidade de realização do direito natural, e o que era provisório pode tornar-se peremptório.

Convém insistir que o estado de natureza não é uma realidade histórica, mas uma idéia. O homem isolado é portador tanto da lei ética quanto da lei jurídica natural que valem no estado de natureza e no civil, o que leva à prioridade lógica do direito no estado de natureza em relação ao estado civil. Assim, justamente porque no estado de natureza é possível a posse, mesmo que provisória, é que será um mandamento sair desse estado.

Kant distingue o direito inato do adquirido. O segundo pressupõe um ato jurídico, ao contrário do primeiro, que cabe a todos os homens imediata e naturalmente. O direito inato é um único, um "direito originário que cabe a todo homem em virtude de sua humanidade", isto é, "a liberdade (independência do arbítrio que obriga do outro), contanto que possa subsistir junto à liberdade de todos os outros, segundo uma lei universal". Vinculada e mesmo compreendida na liberdade está a "igualdade inata, ou seja, a independência, não ser obrigado por vários outros senão àquilo que se possa também obrigá-los reciprocamente; portanto, a qualidade do homem de ser seu próprio senhor (*sui iuris*)". Correspondendo à distinção do direito inato e adquirido, o meu e o teu são pensados como interiores ou exteriores. O interior (a liberdade) é inato e, como tal, não apresenta dificuldades para sua fundamentação; já o exterior é adquirido e deverá ser tratado de maneira detalhada.

Os objetos exteriores que podem ser meus ou teus são de três tipos: "1. uma coisa (corporal) fora de mim; 2. o arbítrio de um outro para uma ação determinada (*praestatio*); 3. o estado de um outro em relação a mim, segundo as categorias da substância, causalidade e comunidade entre mim e os objetos exteriores de acordo com as leis da liberdade." A esses tipos de objetos correspondem as três partes do direito privado. O direito real (*Sachenrecht*), que trata da possibilidade de adquirir uma coisa corporal; o direito pessoal, que trata da chance de se ter a prestação de alguma coisa por outra pessoa, a transferência de alguma coisa de uma pessoa para outra, através de um contrato; e o direito pessoal, segundo uma modalidade real (*auf dingliche Art persölichen Recht*), que comporta aspectos dos dois anteriores uma vez que se trata da posse de algo como sendo uma coisa, mas cujo uso não pode ser feito como tal, pois trata-se de uma pessoa.

Tanto o direito real quanto o pessoal, ou o pessoal segundo uma modalidade real, estão condicionados à resolução da questão da expectativa da posse de um objeto exterior, o que é desenvolvido em duas etapas: na primeira analisa-se a possibilidade de ter algo de exterior como seu e, na segunda, a maneira de adquirir algo. Assim, pode-se afirmar que o direito privado kantiano está essencialmente baseado na questão da propriedade.

Passagem do estado de natureza para o estado civil. A exigência da instituição de um estado jurídico e a conseqüente passagem do estado de natureza para o estado civil são várias vezes tratadas na *Rechtslehre*, inclusive por ocasião da análise do ter e do adquirir o meu e o teu exteriores, como também na oportunidade do exame da relação do direito público com o privado. Para se ter algo de exterior como seu, é necessário estar em um estado jurídico, em um estado civil onde haja um poder público; "uma posse na espera e preparação de um tal estado, que só pode ser fundado numa lei da vontade comum, que assim está de acordo com a *possibilidade* da última, é uma posse provisória e jurídica, em compensação aquela que se encontra num tal estado seria uma posse peremptória".

Da mesma forma, a aquisição no estado de natureza é também provisória e sua racionalidade reside na idéia de uma vontade unida de todos,

> porém, o estado de uma vontade unida geral efetiva em vista da legislação é o estado civil. Assim, apenas em conformidade com a idéia de um estado civil, ou seja, em vista dele e de sua efetivação, mas antes de sua efetividade (pois senão a aquisição seria derivada), é que se pode adquirir originariamente algo de exterior, se bem que só provisoriamente. A aquisição peremptória ocorre apenas no estado civil.

A possibilidade de se ter ou de se adquirir originariamente algo de exterior está vinculada à idéia da vontade geral; dessa forma, no estado de natureza pode-se ter ou adquirir algo legitimamente, desde que se esteja de acordo com aquela idéia; mas, por outro lado, tal aquisição é provisória, porque a vontade geral não é ainda efetiva. Para garantir a cada um sua propriedade, é necessário que haja uma legislação proveniente da vontade geral e um poder coercitivo que a execute; "o estado submetido a uma legislação universal externa (ou seja, pública) acompanhada da potência é o estado civil".

A necessidade de sair do estado de natureza não está fundada na busca da autoconservação, não provém da observação empírica dos conflitos entre os homens, mas é uma exigência racional *a priori*. Essa exigência vincula-se ao postulado jurídico prático que afirma a possibilidade de ter algo como seu, pois "se é juridicamente possível ter um objeto exterior como seu, então deve ser também permitido ao sujeito constranger todos os outros, com os quais ele pode entrar em conflito em relação ao meu e ao teu sobre um tal objeto, a entrar com ele numa constituição civil".

Tal como a aquisição, mesmo provisória, se funda no postulado prático-jurídico, um princípio do direito privado autoriza o exercício da coerção para fazer com que os outros homens entrem juntos num estado civil que garanta a aquisição, tornando-a peremptória. Dessa forma, "do direito privado no estado de natureza provém o postulado do direito público: tu deves, em virtude da relação de uma coexistência inevitável com todos os outros, sair deste estado para entrar no estado jurídico, ou seja, naquele de justiça distributiva". Ora, a exigência de garantir a cada um o seu vem da preexistência da posse em relação ao estado civil, daí neste estado (no plano racional) não haver em relação ao estado de natureza diferença quanto à forma das leis do meu e do teu. Antes, a diferença consiste no fato de que no estado civil há um poder que garante a execução dessas leis racionais.

Assim, "se no estado de natureza não houvesse nem provisoriamente um meu e teu, não haveria também nenhum dever de direito no tocante aos mesmos, por conseguinte, também não seria dado o mandamento de sair desse estado". A instituição do estado jurídico, do estado civil, está intimamente vinculada com a necessidade de garantir a propriedade. Na medida em que é demonstrada a sua possibilidade já se abre caminho para a exigência de sair do estado de natureza e entrar no estado civil.

Com a formação do estado civil, coloca-se imediatamente a questão do âmbito da intervenção do Estado na propriedade privada dos súditos. O Estado ou também o soberano é visto como o proprietário supremo do solo, sendo essa propriedade uma idéia da união civil que permite a determinação da propriedade particular. O soberano possui tudo e ao mesmo tempo não possui nada, tem o poder sobre os súditos que são proprietários, mas não possui propriedades privadas. Apresenta-se aqui a distinção da soberania territorial e a propriedade relacionada à exploração econômica.

Enquanto proprietário supremo do solo, o Estado pode cobrar impostos e, mais ainda, interferir na propriedade das ordens e corporações, podendo chegar até a abolir os estatutos que regulam a transmissão da propriedade nessas ordens, desde que indenize os envolvidos. Kant volta-se contra as concepções feudais quando critica as suas instituições e a nobreza e também quando caracteriza o Estado como o garantidor da propriedade privada que, para cumprir essa finalidade, não pode ser ele mesmo proprietário privado. Quanto ao mais, o Estado não deve interferir na propriedade dos seus súditos e, assim, "o direito natural no estado de uma constituição civil ... não pode sofrer nenhuma lesão das leis estatutárias dessa constituição ...; a constituição civil é unicamente o estado jurídico, que assegura apenas a cada um o seu, sem propriamente o constituir e o determinar".

No estado civil há a garantia daquilo que já se tinha de maneira provisória no estado de natureza; a única determinação do Estado em relação à propriedade está em torná-la peremptória. Além de não constituir e determinar o que é de cada um, mas apenas sancionar o que já existia, o Estado também não deve impedir a atividade econômica dos cidadãos — ao contrário, deve deixar os vários setores da sociedade desenvolverem-se de maneira autônoma.

O Estado deve garantir a liberdade de pensamento, de religião e nos negócios, tanto mais que, quando atinge certo desenvolvimento e mantém relações comerciais e culturais com outros Estados, "a liberdade civil não pode ser tão facilmente violada sem que o prejuízo seja sentido em todos os ofícios, especialmente no comércio, e com isto o poder do Estado nas relações externas também decline". ("Idéia de uma história universal de um ponto de vista cosmopolita") Impedir que os cidadãos procurem o seu bem-estar leva ao próprio enfraquecimento do todo; deixá-los ter iniciativas e que concorram entre si é vantajoso, pois assim se garante o progresso econômico. A função do

Estado, no caso, é apenas a de vigiar para que uns não usem meios incompatíveis com a liberdade dos outros. Kant assume a resposta dada por um comerciante a um ministro francês que pedia uma proposta para incentivar o comércio: "Criai boas estradas, cunhai boa moeda, institui um pronto direito cambial e coisas semelhantes. Quanto ao mais, porém, deixa-nos a nós fazer." (*O conflito das faculdades*)

O direito público e sua "garantia" histórica

Para uma introdução ao tema do direito público em Kant, é mais simples seguir *À paz perpétua*, onde ele apresenta um resumo de sua concepção, do que a *Doutrina do direito*, que é mais pormenorizada. No entanto, aquele texto apresenta algumas particularidades que devem ser esclarecidas de antemão.

A ironia presente na estruturação de *À paz perpétua* — com suas seções contendo artigos preliminares e definitivos, apêndices, suplementos estabelecendo garantias e até um artigo secreto, imitando dessa forma um tratado de paz — não nos deve enganar: estamos diante de uma obra filosófica complexa. Kant vai utilizar as divisões, que têm suas funções próprias nos tratados de paz, para articular filosoficamente pontos de vista distintos. Nessas divisões vinculam-se as questões prévias para a obtenção da paz, os elementos básicos da doutrina do direito público, a filosofia da história, a relação da política com a moral. Esse texto oferece um momento privilegiado para se pensar a interpenetração dessas perspectivas.

Relembremos os passos do ensaio. Os artigos preliminares da primeira seção tratam das condições prévias visando à paz. Todos os seis artigos são formulados com o uso da expressão *dever ser:* 1. Não se deve, num tratado, deixar lugar para aspectos secretos que levem a guerras futuras; 2. Nenhum Estado deve poder ser adquirido por outro; 3. Os exércitos permanentes devem desaparecer; 4. Não deve ser feita dívida pública para financiar conflitos exteriores do Estado; 5. Nenhum Estado deve imiscuir-se com emprego de força na constituição e governo de outro Estado; 6. Não deve haver hostilidades que tornem impossível a paz futura.

A segunda seção, com seus três artigos definitivos, resume o direito público kantiano: 1. O direito político é caracterizado essencialmente na fórmula: a constituição civil em cada Estado deve ser republicana; 2. O direito das gentes deve ser fundado sobre um federalismo de Estados livres; 3. O direito cosmopolita deve ser limitado às condições da hospitalidade universal.

Continuando a imitar um tratado de paz, Kant escreve ainda dois suplementos e dois apêndices. No primeiro suplemento, "Da garantia da paz perpétua", são retomados traços básicos da filosofia da história. No segundo, "Artigo secreto para a paz perpétua", temos o paradoxo de um artigo secreto que é a apologia do esclarecimento. O primeiro apêndice discorre "Sobre o desacordo entre a moral e a política a propósito da paz perpétua", e o segundo, "Sobre o acordo da política com a moral, segundo o conceito transcendental no direito público".

Vejamos então mais de perto os artigos definitivos de *À paz perpétua*, que resumem o direito público.

Direito político. O primeiro artigo reza: "A constituição civil de cada Estado deve ser republicana." A forma de governo diz respeito à maneira pela qual o poder supremo é exercido. Na forma republicana o Poder Executivo é separado do Legislativo, e o governo obedece às leis promulgadas pelo soberano, que devem estar de acordo com a vontade geral. No despotismo, os Poderes não são separados, o que permite àquele que legisla fazê-lo de maneira arbitrária, uma vez que segue apenas sua vontade; por concentrar também o Poder Executivo, a arbitrariedade se completa. Como o legislador não pode ele mesmo executar suas leis, Kant afirma adiante, "toda forma de governo que não é representativa não é propriamente uma forma", é uma anomalia.

O termo representação está vinculado, na caracterização da forma republicana de governo, à atribuição dos Poderes Legislativo e Executivo a duas pessoas distintas; a dificuldade consiste em saber por que a separação dos Poderes constituiria um sistema representativo, e quem representaria a quem. Alguns textos apontam claramente para a representação popular através dos deputados: "Toda verdadeira república é, e não pode ser, senão um sistema representativo do povo, que em seu nome cuida de seus direitos, pela união de todos os cidadãos por meio de seus delegados [deputados]." (*Doutrina do direito*) Outros textos, entretanto, indicam como representante o chefe do Estado, "cuja vontade, apenas porque representa a vontade geral do povo, dá ordens aos súditos como cidadãos". (*Teoria e prática*)

Tanto os deputados quanto o chefe do Estado representam o povo, e assim talvez se possa compreender a insistência na distinção entre o legislador e executor na caracterização do republicanismo. Na base da ação tanto do governante quanto dos deputados deve estar a vontade geral, que se expressa de maneira diferente nos dois casos; daí a representação adquirir um sentido vinculado à separação do Legislativo e Executivo, o que não significaria necessariamente princípio eletivo, pois o chefe do Estado/governante não é eleito, mas deve relacionar-se de alguma forma com a vontade geral. As leis devem ser promulgadas "como se" o tivessem sido pela vontade unida de todos, e o governo deve agir em concordância com essa vontade.

O acordo de uma forma de soberania com o direito depende da realização máxima do princípio representativo em seus dois aspectos, o que poderia explicar a avaliação kantiana da democracia:

> Dentre as três formas do Estado, a da democracia, no sentido próprio da palavra, é, necessariamente, um despotismo, porque estabelece um poder executivo onde todos decidem sobre e também contra um único (sem seu consentimento); portanto, cada decisão é tomada por todos, que entretanto não são todos, o que é uma contradição da vontade geral consigo mesma e com a liberdade. (*À paz perpétua*)

A "democracia direta" seria um despotismo, pois, tratando do particular, a vontade de todos deixa de sê-lo para tornar-se a vontade de uma parcela do povo contra um, ou alguns dos cidadãos. Não havendo diferença entre a lei e a regra que possibilite a sua aplicação ao caso particular, seria assim possível a promulgação de uma lei contra um cidadão particular, o que destruiria a própria noção de lei e introduziria a arbitrariedade. Esta só pode ser evitada com o princípio da representação, que preserva a vontade geral em sua universalidade e em seu caráter ideal. Não é possível tomar a vontade unida do povo empiricamente, já que necessariamente haveria discórdia entre os cidadãos, e ela deixaria de ser a vontade unida. A universalidade, idealidade e racionalidade da vontade geral tornam a democracia, entendida dessa maneira, impossível.

A aplicação do princípio da representação permite indicar, entre as formas da soberania, qual pode vir a estar mais de acordo com o republicanismo. Quanto menor for o número de governantes, maior será a representação e mais fácil será se aproximar, através de reformas, da constituição republicana. "Por essa razão, na aristocracia é mais difícil do que na monarquia se atingir essa única constituição jurídica perfeita, e só é possível atingi-la na democracia através de uma revolução violenta." (*À paz perpétua*) A democracia, pelos seus vícios inerentes, não pode ser reformada ou melhorada gradativamente; como é essencialmente despótica, só pode ser transformada radicalmente. A autocracia é a forma privilegiada e, mesmo quando despótica, preferível às demais, pois a tirania de um só é mais suportável que a tirania de vários.

Kant distingue a monarquia da autocracia: "A expressão monárquico no lugar de autocrático não convém ao conceito que se quer indicar aqui; o monarca é aquele que possui o poder supremo, enquanto o autocrata, ou aquele que comanda por si mesmo, possui todo o poder; este é o soberano, aquele o representa." (*Doutrina do direito*) A autocracia é preferível, enquanto despotismo, às outras formas; a monarquia, porém, encontra-se num nível superior, é o poder de um só, mas que representa o soberano, a vontade unida do povo. A monarquia tem as melhores condições de se transformar num regime constitucional, no qual a continuidade do sistema representativo é garantida, o que é fundamental, no sentido de que não apenas o governo presente seja bom, como também seu sucessor. Não bastaria o déspota esclarecido, o ideal seria uma constituição republicana.

Uma Constituição, para Kant, tem caráter duradouro, não se baseia apenas em eventos históricos contingentes e costumes mais ou menos arraigados, como as formas de soberania, nem depende fundamentalmente do esclarecimento do chefe do Estado, como nas formas de governo. A constituição republicana está de acordo com a razão, tem caráter essencial, e deve contar com instituições que garantam continuamente a realização do direito. Ela insiste no sistema representativo, que é apresentado como governo republicano, e aprofunda o sentido dessa exigência com uma ampla visão de um estado de direito. O elemento essencial na diferenciação com o despotismo são os princípios sobre os quais se funda a constituição; o que está em causa é a defesa dos direitos dos homens.

A constituição republicana é aquela que

> se funda primeiramente no princípio da liberdade dos membros de uma sociedade (como homens); em segundo lugar, no princípio da dependência de todos em relação a uma legislação única e comum (como súditos); e, em terceiro lugar, na lei da igualdade de todos (como cidadãos) — é a única que provém da idéia do contrato originário, sobre o qual deve ser fundada a legislação jurídica de um povo. (*À paz perpétua*)

A constituição republicana é uma idéia da razão ligada à do contrato originário, reafirmando a liberdade civil, a igualdade dos homens, além de sua sujeição a um sistema legal, válido para todos, e que se origina na vontade unida do povo. Correspondente à idéia do direito dos homens e à da justiça, é uma constituição que garante a realização do direito, devendo para isso ser representativa.

Como idéia, a constituição republicana serve de padrão de medida para os governos, a quem cumpre se aperfeiçoar continuamente. Mesmo os governos não-republicanos têm a obrigação de seguir o espírito do republicanismo: "É dever do monarca, se bem que reine de maneira autocrática, governar de maneira republicana (não-democrática)" (*O conflito das faculdades*), como se o povo fosse o autor das leis, mesmo se, segundo a letra, o povo não seja consultado nem tenha seus direitos garantidos. A noção "maneira de governo republicano" permite a Kant uma forma de compromisso com as constituições históricas efetivas. Um governo pode continuar sendo autocrático segundo a letra e ser republicano no espírito. A noção "constituição republicana" mantém a exigência das reformas constitucionais no sentido da aproximação da letra ao espírito.

Direito das gentes. O segundo artigo definitivo de *À paz perpétua* reza: "O direito das gentes deve fundar-se numa *federação* de Estados livres."

Os Estados existem isolados, mas entram necessariamente em relação uns com os outros; em termos jurídicos, evidenciam-se algumas questões básicas a este relacionamento:

> 1) Os Estados, considerados em suas relações exteriores recíprocas, estão por natureza num estado não-jurídico (como selvagens sem leis); 2) Este é um estado de guerra (do direito do mais forte), mesmo não havendo guerra efetiva ou combate contínuo (hostilidade) ...; 3) É necessária uma federação dos povos, segundo a idéia de um contrato social originário ...; 4) Esta associação não deve conter um poder soberano (como numa constituição civil), mas apenas um consórcio (federação) — uma associação que pode ser dissolvida a qualquer momento, e que deve ser renovada de tempos em tempos". (*Doutrina do direito*)

As relações entre os Estados assemelham-se às relações dos homens no estado de natureza, vigorando a ausência de justiça pública. Para escapar a essa situação de guerra latente, Kant propõe uma solução análoga à constituição do estado jurídico pelo contrato social, com o estabelecimento de uma federação das nações. As dificuldades, entretanto, serão maiores nesse caso. Um homem pode forçar um outro a se associar consigo para a formação do estado civil, onde o que é de cada um é garantido por um poder supremo, ficando assim todos em segurança. Mas um Estado não pode forçar um outro da mesma maneira, pois um poder supremo acima dos mesmos não garantiria a independência de cada Estado.

Ao contrário, se houvesse um poder supremo mundial, as soberanias nacionais seriam destruídas e, o que é pior, uma tirania universal, exercida certamente pelo país mais forte, seria estabelecida e acabaria dominando completamente os demais. A associação que pode dar fim ao estado de guerra deveria ser uma federação de Estados livres, onde as particularidades e o poder de cada Estado fossem respeitados.

A federação não pode ser instalada bruscamente, requer um processo lento, tanto mais que há um vínculo estreito entre a Constituição de cada país e a efetivação e aperfeiçoamento da federação.

> A possibilidade de realização (realidade objetiva) dessa idéia de federalismo, que deve se estender gradualmente a todos os Estados e conduzir à paz perpétua, pode ser representada. Se acontecesse, por sorte, que um povo poderoso e esclarecido se constituísse numa república

> (que por natureza deve inclinar-se para a paz perpétua), esta proporcionaria um centro de aliança federativa para os outros Estados, que se associariam àquela para assegurar a situação de liberdade dos Estados segundo a idéia do direito das gentes, e poderia estender-se pouco a pouco por outras alianças desse tipo. (*À paz perpétua*)

Com governos tirânicos não é possível começar a construção da federação, pois os tiranos são belicosos, uma vez que não teriam muito a perder com as guerras. A constituição republicana, pelo contrário, é naturalmente inclinada para a paz, pois, se os cidadãos forem consultados sobre o início de alguma hostilidade contra outro país, pensarão nas conseqüências funestas que esta poderia acarretar: impostos, devastações, convocação para combates. O núcleo inicial da federação deverá ser uma nação que por seu exemplo atraia outras.

O estabelecimento e consolidação de uma constituição republicana numa nação exigem, por outro lado, o estabelecimento de relações leais entre os Estados. Uma república não pode se afirmar enquanto tal se é assediada por nações tirânicas que a ameaçam, pois, nesse caso, teria que voltar a maior parte de suas energias para a preparação de sua defesa, reforçar a centralização do comando, e eventualmente o governo deveria tomar medidas de emergência sem consultar o povo. Kant enfatiza a interdependência entre as constituições de cada Estado, onde o direito deve ser respeitado e as relações interestatais, legalizadas. O processo de consolidação das repúblicas caminha paralelo ao estabelecimento da federação das nações e da instauração da situação de paz.

Como na relação dos indivíduos, o meu e o teu exteriores dos Estados só se tornam peremptórios numa situação legal de paz, pois o que é adquirido ou conservado pela guerra é provisório. O direito internacional é uma etapa necessária na consolidação do sistema do direito, e a "idéia da razão de uma comunidade pacífica e completa de todos os povos sobre a Terra ... não é um princípio filantrópico (ético), mas um princípio jurídico". (*Doutrina do direito*) Conhecendo os limites em que estão encerrados no globo terrestre, os homens devem estabelecer relações legais que legitimem a posse do solo em plano mundial.

A questão básica não é se a paz perpétua pode ou não ser efetivada, pois, mesmo que fosse uma idéia irrealizável, "os princípios políticos, que tendem a este fim, ou seja, que tendem a operar tais alianças entre os Estados, servindo para uma aproximação contínua deste fim, não o são, mas, como tal aproximação está fundada no dever e também é tarefa fundada no direito dos homens e dos Estados, ela é certamente realizável". (*Doutrina do direito*) A paz perpétua é uma tarefa a ser cumprida passo a passo, mesmo que nunca seja atingida; é uma idéia que se articula com outras idéias político-jurídicas que também são princípios para a direção da ação, e os homens devem agir "como se" fossem realizáveis.

Direito cosmopolita. Kant alarga o âmbito do direito quando, ao lado do direito político e do das gentes, acrescenta o cosmopolita. Sua frase "A violação do direito num lugar da Terra se sente em todos os outros" (*À paz perpétua*) tornou-se lema fundamental na defesa dos direitos humanos como superiores ao direito positivo de cada país. Nos duzentos anos que nos separam da obra de Kant houve uma ampliação do que se propõe como sendo os direitos humanos, mas sempre vale a pena retomar o texto kantiano.

O terceiro artigo definitivo de *À paz perpétua* apresenta a seguinte formulação: "O direito cosmopolita deve limitar-se às condições da hospitalidade universal." Ela foi interpretada de maneiras bastante diferentes. Alguns, como Hannah Arendt, julgam-no apenas um artigo curioso. Mas a questão principal diz respeito a se ele se reduz, ou não, ao direito de visita. Parte dos intérpretes analisam o direito cosmopolita como garantindo a liberdade de deslocamento dos indivíduos por todo o mundo. Outros ressaltam que o artigo insiste na reciprocidade, ou na relação de Estados com comunidades não-organizadas e a recusa do colonialismo. De um lado se insiste no direito de visita, na hospitalidade e, de outro, no limite desse direito que pode levar à dominação.

Quanto a isso, o filósofo argentino Mario Caimi afirma uma tese bem fundamentada procurando mostrar "em primeiro lugar que não é possível a interpretação do terceiro artigo como se estabelecesse um direito de visita; em segundo lugar, que a interpretação do terceiro artigo como limitação do direito de hospitalidade é a única que se pode fundar nos textos de Kant e nos princípios da doutrina do direito". Contra a interpretação que vê o artigo como a defesa do direito de visita, Caimi propõe a interpretação do direito cosmopolita como limitando o de visita e basicamente criticando o colonialismo.

Não é o caso aqui de reconstruir nem os passos dessa interpretação nem o direito cosmopolita kantiano, mas convém, pelo menos, colocar em evidência algumas passagens do texto de Kant, sempre com o auxílio de Caimi.

O direito cosmopolita considera "os homens e os Estados, na sua relação externa de influência recíproca, cidadãos de um estado universal da humanidade (*ius cosmopoliticum*)". (*À paz perpétua*) Os cidadãos do mundo têm o direito de habitar qualquer região do globo e estabelecer relações com os habitantes de todo o mundo; esse direito seria proveniente da propriedade originária do solo. Ora, essa propriedade é limitada pela apropriação privada, e o direito de visita, aquele de relacionar-se com as partes remotas do globo, também é limitada. Ainda assim o viajante tem seus direitos, não pode ser escravizado e pode tentar estabelecer relações com os habitantes das regiões longínquas.

Mas o artigo não se restringe a afirmar o direito de visita; o fundamental é limitá-lo, pois, se não houvesse restrição, os povos mais avançados e poderosos poderiam dominar os mais fracos e menos desenvolvidos. Na *Doutrina do direito*, Kant afirma que os viajantes teriam o direito de "*procurar* estabelecer a comunidade com todos e de visitar com esse fim todos os lugares da Terra, mas não é um direito de *colonização* do solo de um outro povo (*ius inco-*

latus), para o qual seria exigido um contrato particular". Além disso, Kant escreve em *À paz perpétua*:

> Se, pois, se comparar a conduta inospitaleira dos Estados civilizados da nossa região do mundo, sobretudo dos comerciantes, causa assombro a injustiça que eles revelam na *visita* a países e povos estrangeiros (o que para eles se identifica com a *conquista* dos mesmos). A América, os países negros, as ilhas das especiarias, o Cabo etc., eram para eles, na sua descoberta, países que não pertenciam a ninguém, pois os habitantes nada contavam para eles. Nas Índias Orientais (Indostão), introduziram tropas estrangeiras sob o pretexto de visarem apenas estabelecimentos comerciais, mas com as tropas introduziram a opressão dos nativos, a instigação dos seus diversos Estados a guerras muito amplas, a fome, a rebelião, a perfídia e a ladainha de todos os males que afligem o gênero humano. (*À paz perpétua*)

Entendendo o terceiro artigo definitivo como limitação do direito de visita e crítica do colonialismo, fica claro o sentido do elogio de Kant à China e ao Japão, que permitem certo contato mas não a instalação de colônias.

Desse modo pode-se dizer, por um lado, com essa nova figura jurídica — o direito cosmopolita —, que é reconhecido o direito de cada pessoa em qualquer lugar do mundo, mesmo sendo cidadão de outro país, e que, por outro lado, isso não significa dar margem alguma ao colonialismo.

Em resumo, a realização do estado de direito exige a constituição republicana no interior dos Estados, a federação das nações no plano internacional e o reconhecimento dos direitos da pessoa em qualquer lugar do globo; este seria o caminho para a paz.

Direito e história. Como tínhamos assinalado, além dos artigos preliminares e dos artigos definitivos, *À paz perpétua* tem ainda suplementos e apêndices. O primeiro suplemento intitula-se "Da garantia da paz perpétua" e é do maior interesse. Nesse texto e também em "Idéia de uma história universal de um ponto de vista cosmopolita", Kant vai articular um outro ponto de vista em relação ao direito.

Já vimos a diferença entre o direito natural, que é um direito racional que fornece os padrões para que se julgue, e o positivo, direito histórico de cada nação. Ora, a origem do direito positivo é a "força, sob cuja coerção pode ser fundado posteriormente o direito público". (*À paz perpétua*) O direito positivo vai se transformando, ganhando em legitimidade, o que pode ser aferido pelo direito natural, pela pedra de toque da autonomia, da soberania popular.

As transformações do direito são impulsionadas por uma espécie de ardil da natureza que faz com que os homens e os povos, mesmo procurando atingir apenas seus interesses, acabem por realizar um propósito mais amplo e elevado. O antagonismo é o meio utilizado pela natureza para a promoção do desenvolvimento de suas disposições. Ele será a causa da ordenação da sociedade e também de sua transformação gradual em direção a uma sociedade civil com uma constituição republicana que garanta e administre o direito de maneira universal.

O antagonismo relativo à espécie humana é a insociável sociabilidade, a inclinação a entrar em sociedade que está ligada a uma oposição a fazê-lo. Como os homens, em razão de seu egoísmo, procuram fazer com que tudo se dirija para si, tirando proveito tanto da natureza como dos outros homens, eles esperam encontrar resistência destes e preparam-se para fazer oposição às suas tentativas. Esse movimento de resistência desperta as diferentes capacidades dos homens, fazendo com que dominem sua inclinação à preguiça. Sem isso, permaneceriam incultos, satisfeitos com a concórdia simplória de pastores. A insociabilidade tem um papel fundamental como estímulo ao desenvolvimento. A concorrência tem um resultado altamente positivo, salientado na metáfora da árvore isolada que cresce completamente torta e as árvores da floresta, que, na disputa pelo sol e pelo ar, crescem retas e sadias.

Os homens são levados pela insociável sociabilidade a constituir um estado civil e a tender para a realização de uma constituição republicana em que haveria o máximo de liberdade, sem que um interfira na liberdade do outro, sendo também a situação em que cada um pode se desenvolver mais. O mesmo ocorrerá nas relações entre os Estados, em que no início a situação de guerra pode ter sido estimuladora do desenvolvimento, conduzindo porém a uma situação em que as guerras e seus preparativos tornam-se insuportáveis, forçando a constituição de uma federação de nações; por outro lado, o próprio espírito do comércio levará a que se assegure a hospitalidade aos viajantes.

Dessa maneira, os três artigos definitivos de *À paz perpétua* — que correspondem a aspectos essenciais do direito público, do direito das gentes e do direito cosmopolita — são favorecidos pelas disposições naturais, havendo um acordo com aquilo que os homens deveriam fazer segundo as leis da liberdade da razão prática e que não fazem, sendo forçados finalmente a fazê-lo. Assim, a natureza "garante através do próprio mecanismo das inclinações humanas a paz perpétua, decerto com uma segurança que não é bastante para predizer (teoricamente) o futuro da mesma, mas é suficiente num propósito prático e faz com que seja um dever procurar conseguir este fim (que não é puramente quimérico)". *(À paz perpétua)*

Além de ser um dever, a realização da constituição republicana e da federação de nações — que possibilita a paz perpétua — é promovida especialmente pela insociável sociabilidade: com o desenvolvimento das sociedades chega-se a um ponto em que é do interesse do próprio governante ir aperfeiçoando as instituições políticas. Se um Estado negligencia a cultura, ele se enfraquecerá na sua relação com os outros Estados, e, mais ainda,

> a liberdade civil hoje não pode ser desrespeitada sem que se sintam prejudicados todos os ofícios, principalmente o comércio, e sem que por meio disto também se sinta a diminuição das forças do Estado nas relações externas. Mas aos poucos essa liberdade se estende. Se o cidadão é impedido de procurar seu bem-estar por todas as formas que lhe agradem, desde que possam coexistir com a liber-

> dade dos outros, tolhe-se assim a vitalidade da atividade geral e com isto, de novo, as forças do todo. ("Idéia de uma história universal de um ponto de vista cosmopolita")

Por isso, mesmo que seja apenas por motivos egoístas e busca de grandeza, os governantes deverão diminuir as restrições aos cidadãos, ampliar as liberdades, inclusive a de religião, e favorecer a difusão do conhecimento. As reformas das instituições são exigidas pelo próprio desenvolvimento histórico, o progresso inscrito na própria natureza da sociedade.

Bernard Bourgeois condensa bem a questão escrevendo:

> O kantismo introduz na filosofia da história — entendida, em sentido largo da expressão, como discurso reflexivo sobre o devir humano — a equação de história e direito: a história é fundamentalmente história do direito, e, por isto, da política, se esta é apreendida — e é o caso em Kant — como a realização do direito; o artigo *À paz perpétua* definiu bem a política como a "teoria do direito em sua realização".

Considerações finais

Retomemos alguns dos pontos tratados que nos permitem compreender o motivo da enorme presença do pensamento kantiano nos debates contemporâneos.

Com o imperativo categórico, com a idéia do contrato originário e com a formulação do princípio universal do direito, Kant abre a perspectiva do procedimentalismo e do formalismo universalista, podendo afirmar a prioridade do justo (insistindo no universalismo que permite a coexistência de uma pluralidade de concepções do que seria a vida boa) sobre o bem (ou seja, concepções particulares do que seria a vida boa, a felicidade). Essas idéias são retomadas e transformadas de maneiras distintas por Rawls e Habermas, autores que têm grande peso nas discussões atuais, entre outros.

A tensão entre a perspectiva liberal e a democrática presente no pensamento político-jurídico kantiano leva-o a procurar manter a dupla exigência de respeito aos direitos humanos e a soberania popular. É a essa dupla exigência que Habermas chama de intuição kantiana da co-originariedade de soberania popular e direitos humanos, a soberania popular pressupondo os direitos humanos e vice-versa, uma não podendo pretender o primado sobre a outra.

Elementos básicos do direito público kantiano como a exigência da constituição republicana (diríamos hoje estado democrático de direito), no plano do direito político; a exigência de uma federação das nações, no plano do direito das gentes; e a condenação do colonialismo e a defesa dos direitos humanos em todo o globo, no direito cosmopolita, estão presentes nos discursos para o aperfeiçoamento da ONU e também nos debates sobre a constituição européia.

Enfim, a articulação entre direito e história, sem deixar de lado as exigências de padrões procedimentais que não são históricos, abre um precioso campo de discussões sobre os vínculos do direito com forças políticas e econômicas, não perdendo de vista os critérios universalistas de legitimidade.

Referências e fontes

Este livro deve muito às pesquisas e discussões ocorridas no âmbito do Grupo Direito e Democracia, projeto temático da Fapesp no Cebrap. Agradeço a todos os participantes, em especial a Marcos Nobre.

Agradeço também aos amigos que colaboraram de diversas formas com esse trabalho: Daniel Tourinho Peres, Luiz Repa, Maurício Keinert, Moacyr Novaes, Rúrion Soares Melo e Sandra Reimão.

Freqüentemente parafraseei e reproduzi passagens de meus livros: *A Política Tensa. Idéia e realidade na filosofia da história de Kant* (São Paulo, Iluminuras, 1995), e *Passagens. Estudos sobre a filosofia de Kant* (Rio de Janeiro, Editora UFRJ, 2003). Para não sobrecarregar o texto, não forneci, a cada vez, as indicações.

As citações da *Doutrina do direito* foram traduzidas da edição da Academia (Berlim, Walter de Gruyter, 1968). As demais citações de Kant provêm das seguintes traduções: *Fundamentação da metafísica dos costumes,* trad. Paulo Quintela (São Paulo, Abril, Os Pensadores, 1980); "Sobre a expressão corrente: isto pode ser correto na teoria, mas nada vale na prática" e *À paz perpétua* estão no volume traduzido por Artur Morão *À paz perpétua e outros opúsculos* (Lisboa, Edições 70, 1990); *Crítica da razão prática*, trad. de Valério

Rohden (São Paulo, Martins Fontes, 2002); *O conflito das faculdades*, trad. de Artur Morão (Lisboa, Edições 70, 1993); "Idéia de uma história universal de um ponto de vista cosmopolita", tradução minha e de Rodrigo Naves (São Paulo, Brasiliense, 1986); foi também utilizada a tradução de Marco Zingano de *À paz perpétua* (Porto Alegre, L&PM, 1989). Algumas vezes as traduções citadas sofreram leves modificações.

As citações sem nenhuma outra indicação foram retiradas da *Doutrina do direito*.

A leitura do livro de Gerhard Dulkeit (*Naturrecht und positives Recht bei Kant*. Aalen, Scientia Verlag, 1973) foi fundamental para a análise da relação entre moral, direito e ética, para pensar a relação do direito natural e direito positivo e para explicitar a ligação do imperativo categórico com o princípio universal do direito.

p.16 e 18: citações extraídas de Otfried Höffe "O imperativo categórico do direito: uma interpretação da *Introdução à Doutrina do Direito*. *Studia Kantiana* 1(1), 1998, páginas 220 e 222, respectivamente. Esse artigo foi importante para todo o item sobre o "princípio universal do direito".

p.20: citação extraída de Jean-Jacques Rousseau *Du contrat social*, Livro I, cap. VIII (Paris, Gallimard, Bibliothèque de la Pléiade, p.365.

p.51: citação extraída de Mario Caimi "Acerca de la interpretacion del tercer articulo definitivo del ensayo de Kant *Zum ewigen Frieden*", in V. Rohden (org.), *Kant e a instituição da paz* (Porto Alegre, Editora da UFRGS, Goethe-Institut, 1997, p.192.).

p.57: citação extraída de Bernard Bourgeois "Histoire et droit chez Kant", *Revue Germanique Internationale* 6/1996 (Kant: philosophie de l'histoire), p.91.

Leituras recomendadas

Uma boa e curta introdução geral ao pensamento de Kant é o livro de Gilles Deleuze *A filosofia crítica de Kant* (Lisboa, Edições 70, 1987).

Em relação à filosofia prática convém começar pela *Fundamentação da metafísica dos costumes*, passando-se depois à *Crítica da razão prática*, ambos mencionados na seção anterior.

Infelizmente não há uma tradução em português confiável da *Doutrina do direito* de Kant, por isso convém começar por outros textos que tratam do direito, principalmente *À paz perpétua* e "Sobre a expressão corrente: isto pode ser correto na teoria, mas nada vale na prática", da edição portuguesa mencionada nas Referências e fontes; além da edição brasileira de *À paz perpétua* também citada na seção anterior.

Sobre a filosofia da história há o volume organizado por mim, *Idéia de uma história universal de um ponto de vista cosmopolita* (São Paulo, Brasiliense, 1986); além da tradução do artigo de Kant, esse volume contém ensaios interpretativos de Gerard Lebrun, José Arthur Giannotti e Ricardo Terra.

A bibliografia brasileira sobre Kant é bastante numerosa, há excelentes artigos publicados em várias revistas brasileiras de filosofia. Muitas boas teses ainda continuam inéditas. Indica-se a seguir apenas alguns livros relativos à moral, ao direito e à filosofia da história.

Heck, José. *A liberdade em Kant*. Porto Alegre, Movimento, 1983.

Herrero, Francisco J. *Religião e história em Kant*. São Paulo, Loyola, 1991.

Rohden, Valério. *Interesse da razão e liberdade*. São Paulo, Ática, 1981.

_____ (org.). *Kant e a instituição da paz*. Porto Alegre, Editora da UFRGS, Goethe-Institut, 1997.

Salgado, Joaquim C. *A idéia de justiça em Kant*. Belo Horizonte, Editora da UFMG, 1995, 2ª. edição.

Terra, Ricardo. *A política tensa. Idéia e realidade na filosofia da história de Kant*. São Paulo, Iluminuras, 1995.

_____. *Passagens. Estudos sobre a filosofia de Kant*. Rio de Janeiro, Editora da UFRJ, 2003.

Zingano, Marco A. *Razão e história em Kant*. São Paulo, Brasiliense, 1989.

Sobre o autor

Ricardo R. Terra é professor do Departamento de Filosofia da USP e pesquisador do Cebrap. É doutor e livre-docente em filosofia pela mesma Universidade. Publicou sobre a filosofia de Kant, além de vários artigos, os livros: *A política tensa. Idéia e realidade na filosofia da história de Kant* (São Paulo, Iluminuras, 1995); *Passagens. Estudos sobre a filosofia de Kant* (Rio de Janeiro, Editora da UFRJ, 2003); organizou os volumes: *Idéia de uma história universal de um ponto de vista cosmopolita* (São Paulo, Brasiliense, 1986); *Duas introduções à crítica do juízo* (São Paulo, Iluminuras, 1995). É atualmente editor da *Studia Kantiana*, Revista da Sociedade Kant Brasileira.

Coleção **PASSO-A-PASSO**

1. **Hegel,** Denis L. Rosenfield
2. **Nietzsche**, Nelson Boeira
3. **Hobbes**, Maria Isabel Limongi
4. **Adorno/Horkheimer & a Dialética do Esclarecimento**, Rodrigo Duarte
5. **Filosofia da linguagem**, Claudio Costa
6. **Heidegger & Ser e tempo**, Benedito Nunes
7. **Hobbes & a liberdade**, Júlio Bernardes
8. **Nietzsche & Para além de bem e mal**, Oswaldo Giacoia Junior
9. **Sófocles & Antígona**, Kathrin H. Rosenfield
10. **Cultura e empresas**, Lívia Barbosa
11. **Relações internacionais**, Williams Gonçalves
12. **A interpretação**, Laéria B. Fontenele
13. **Arte e psicanálise**, Tania Rivera
14. **Freud**, Marco Antonio Coutinho Jorge e Nadiá P. Ferreira
15. **Hegel & a Fenomenologia do espírito**, Paulo Meneses
16. **Schopenhauer**, Jair Barboza
17. **Adorno & a arte contemporânea**, Verlaine Freitas
18. **Rawls**, Nythamar de Oliveira
19. **Freud & a cultura**, Betty B. Fuks
20. **Freud & a religião**, Sérgio Nazar David
21. **Para que serve a psicanálise?**, Denise Maurano
22. **Depressão e melancolia**, Urania Tourinho Peres
23. **A neurose obsessiva**, Maria Anita Carneiro Ribeiro
24. **Rituais ontem e hoje**, Mariza Peirano
25. **Capital social**, Maria Celina D'Araujo
26. **Hierarquia e individualismo**, Piero de Camargo Leirner
27. **Freud & a filosofia**, Joel Birman
28. **Platão & A República**, Jayme Paviani
29. **Maquiavel**, Newton Bignotto
30. **Filosofia medieval**, Alfredo Storck
31. **Filosofia da ciência**, Alberto Oliva
32. **Heidegger**, Zeljko Loparic
33. **Kant & o direito**, Ricardo Terra
34. **Fé**, J.B. Libânio
35. **Ceticismo**, Plínio Junqueira Smith

Próximos volumes:

36. **Bioética**, Darlei Dall'Agnol
37. **A Teoria Crítica**, Marcos Nobre
38. **O adolescente e o outro**, Sonia Alberti
39. **O que é o sujeito?**, Luciano Elia
40. **O amor na teoria psicanalítica**, Nadiá P. Ferreira
41. **Mito e psicanálise**, Ana Vicentini de Azevedo
42. **Lacan: o grande freudiano**, Marco Antonio Coutinho Jorge e Nadiá P. Ferreira
43. **Sociedade de consumo**, Lívia Barbosa
44. **Literatura e sociedade**, Adriana Facina